Mamma

Raccontami la tua

Storia

Pubblicato da Midsummer Bloom Books
1621 Central Ave, Cheyenne, WY 82001, Stati Uniti

Prima edizione: Giugno 2025
Stampato negli Stati Uniti d'America

Indice

La tua storia inizia qui

Conosci quello sguardo che i tuoi figli ti lanciano quando trovano una tua vecchia foto con capelli selvaggi e sogni ancora più selvaggi? Oppure quando scoprono il tuo annuario del liceo e non riescono a credere che quella sei davvero tu? È una combinazione di sorpresa e fascinazione, come se si rendessero conto all'improvviso che la mamma aveva tutta una vita prima di diventare, beh, mamma.

Ecco il punto: questo libro non è solo un altro quaderno. È un posto dove catturare tutte quelle storie che di solito emergono solo durante le chiacchierate notturne in cucina o nei lunghi viaggi in macchina. Perché, sotto la mamma che controlla i compiti, prende appuntamenti dal dottore e sa sempre dove si trovano le scarpe da calcio scomparse, c'è tutta un'altra persona, con avventure e sogni che i tuoi figli stanno appena iniziando a scoprire.

Certo, ti conoscono come la mamma – l'equilibrista degli orari, la guaritrice dei graffi, l'organizzatrice delle feste di compleanno. Ma c'è molto di più nella tua storia! L'adolescente che aveva quella fantastica collezione di poster di band, la giovane donna che ha viaggiato da sola o ha iniziato il suo primo lavoro. Hai attraversato un lungo viaggio per diventare la mamma che sei oggi.

Scrivi tutto qui – i sogni della tua infanzia, il tuo primo cuore spezzato, i momenti di cui vai più fiera, il giorno in cui hai capito di essere pronta a diventare madre. Non preoccuparti di renderlo perfetto. Le storie vere hanno pieghe e macchie di caffè, proprio come la vita.

Prenditi il tuo tempo – tra le corse per la scuola e la spesa, tra le storie della buonanotte e le mattine frenetiche. Riempi queste pagine con i ricordi che ti hanno formato, i momenti che ti hanno fatto ridere, piangere o crescere. Perché un giorno, quando i tuoi figli saranno grandi, capiranno che "Mamma" non è solo un titolo – è parte di una storia incredibile che continua a essere scritta.

Allora, che ne dici, mamma? Sei pronta a condividere il tuo viaggio? Dietro le storie della buonanotte che racconti ai tuoi figli, c'è la tua storia che aspetta di essere raccontata. E fidati, è una storia che i tuoi figli custodiranno per sempre.

Come usare questo libro

Questa è la tua storia – non ci sono scadenze da rispettare, né regole da seguire. Scegli una domanda che ti ispira e inizia a scrivere. Salta da una pagina all'altra, torna indietro più tardi o soffermati sui momenti che contano di più per te.

Ricorda, queste domande sono solo porte che si aprono sui tuoi ricordi. Le tue risposte potrebbero portarti verso percorsi inaspettati, ed è perfettamente normale. Questo libro non riguarda la scrittura perfetta – si tratta di raccontare il tuo viaggio unico con la tua voce.

In ogni mattina frenetica,

in ogni bacio della buonanotte,

c'è una storia dietro la mamma che vediamo,

di sogni, speranze e di una ragazza che correva
libera.

Prima di essere "Mamma" con tutte le risposte,

stavi scrivendo la tua storia, giorno e notte.

Ora condividi quei capitoli, selvaggi e veri,

di tutte le avventure che ti hanno resa ciò che sei.

1

Piccola Sognatrice

Mamma, ci piacerebbe sapere com'era la tua vita quando eri piccola. Com'era il mondo alla tua età? Raccontaci delle tue avventure d'infanzia e dei primi ricordi che ti hanno formato.

La Prima Casa

La casa è il luogo dove inizia la nostra storia – quelle mura che hanno visto i tuoi primi passi, le tue prime parole e i tuoi primi sogni. Com'era il posto dove hai fatto il tuo primo respiro e hai iniziato a scoprire il mondo?

1. Com'era la casa della tua infanzia?

2. Qual è il primo ricordo che hai legato a quel posto?

3. Ti sei mai trasferita durante l'infanzia? Se sì, com'è stato quel cambiamento?

Il Viaggio di Nonna

L'influenza di tua madre ha plasmato non solo la tua infanzia, ma anche l'eredità che continua nella nostra famiglia oggi. Raccontaci qualcosa della donna dietro la nonna che conosciamo.

1. Qual è il tuo ricordo preferito di quando passavi del tempo con tua madre?

2. Come descriveresti la personalità di tua madre e cosa la rendeva unica?

3. Qual era l'attività preferita di tua madre e ti piaceva farla con lei?

La Saggezza di Nonno

L'uomo che ti ha cresciuta ha lasciato impronte nel tuo cuore che hanno contribuito a formare chi sei diventata. Com'era davvero tuo padre? Raccontaci le storie che catturano la sua essenza e il legame che avevate.

1. Com'era tuo padre mentre crescevi, e cosa ammiravi di più in lui?

2. Quali sono i ricordi più preziosi del tempo passato con tuo padre?

3. Come mostrava tuo padre il suo amore per te e per la famiglia?

Cerchie Familiari

Quei cugini, zie e zii hanno aggiunto colore e carattere al tuo mondo d'infanzia. I volti familiari hanno creato un senso di appartenenza che si estendeva oltre la tua famiglia immediata.

1. Quale zia o zio ha avuto l'influenza maggiore sulla tua infanzia, e perché?

2. Quali tradizioni o attività speciali condividevi con i tuoi cugini?

3. Quali storie divertenti di famiglia ricordi?

Profumi di Cucina

Alcuni ricordi vivono nei profumi – il pane che lievita nel forno, i pranzi della domenica che sobbollono, le spezie delle feste che danzano nell'aria. Quali sapori della cucina della tua infanzia ti sono rimasti impressi?

1. Quali cibi erano più comuni nella tua casa d'infanzia?

2. Chi cucinava nella tua famiglia e qual era il loro piatto forte?

3. Quali strumenti o elettrodomestici da cucina ricordi della tua infanzia?

Giornate al Parco Giochi

Le giornate d'infanzia erano piene di possibilità. Correre a perdifiato, inventare giochi, costruire mondi con l'immaginazione – come trascorrevi quelle ore dorate di libertà quando eri piccola?

1. A quali giochi giocavi con gli altri bambini del quartiere?

2. Qual era la tua attività all'aperto preferita nelle diverse stagioni?

3. Quali giocattoli o passatempi erano più popolari durante la tua infanzia?

Giorni di Scuola

Le porte della scuola si aprono su un universo di scoperte, sfide e crescita. Quelle prime aule scolastiche plasmano non solo ciò che impariamo, ma anche come vediamo noi stessi nel mondo. Com'era la scuola quando eri piccola?

1. Cosa ricordi del tuo primo giorno di scuola?

2. Chi era il tuo insegnante preferito e cosa lo rendeva speciale?

3. Quali materie ti piacevano di più e di meno alle elementari?

Amici d'Infanzia

Le amicizie d'infanzia sono i primi ponti che costruiamo dalla nostra famiglia verso il mondo esterno. Gli amici ci insegnano le prime lezioni su connessione e fiducia. Chi ti è stato accanto in quegli anni iniziali?

1. Chi era la tua migliore amica durante l'infanzia e come vi siete conosciute?

2. Quali attività o giochi vi piaceva fare insieme?

3. Avete mai litigato? E come risolvevate i vostri disaccordi?

Piccole Marachelle

Ogni infanzia ha la sua dose di disavventure – quei momenti che sembravano enormi allora, ma che ora ti fanno sorridere. Quali piccole scappatelle hanno colorato i tuoi primi anni?

1. Qual è stata la cosa più birichina che hai fatto da bambina?

2. Hai mai rotto qualcosa di prezioso o combinato guai a scuola?

3. Quale incidente o infortunio d'infanzia ricordi più chiaramente?

Regole e Faccende

La tua casa d'infanzia aveva il suo insieme di doveri che ti hanno aiutata a crescere. Dal rifare il letto al dare da mangiare agli animali, quelle prime lezioni ti hanno insegnato cosa significa far parte di una famiglia.

1. Di quali faccende eri responsabile a diverse età?

2. Come guadagnavi o ricevevi la paghetta da bambina?

3. Come venivi punita quando infrangevi le regole?

Il Posto Segreto Preferito

Anche il bambino più amato ha bisogno di un angolo tutto suo, un posto che gli appartenga. Questi rifugi silenziosi spesso custodiscono i nostri pensieri e sogni più privati.

1. Dove andavi quando volevo stare da sola da bambina?

2. Hai mai creato nascondigli o fortini speciali durante l'infanzia?

3. Cosa facevi di solito nei tuoi posti segreti?

La Prima Avventura

Ogni viaggio inizia con un solo passo. Quella prima esperienza di esplorazione – che sia stata dall'altra parte della città o oltre i confini – ci apre gli occhi sulla vastità e la bellezza del mondo.

1. Qual è stato il tuo primo viaggio o avventura importante lontano da casa?

2. Quanti anni avevi e chi ti accompagnava in questa avventura?

3. Cosa ti ha sorpreso o colpito di più di questa nuova esperienza?

Sogni d'Infanzia

Molto prima che la realtà plasmi le nostre scelte, i nostri cuori gio-vani sognano senza limiti. Queste prime visioni – realizzate o meno – offrono uno sguardo su chi speravamo di diventare.

1. Cosa volevi fare da grande?

2. Chi erano i tuoi eroi o modelli d'infanzia?

3. In cosa eri davvero brava e ti piaceva fare?

2

Mettere le Ali

I tuoi anni da adolescente devono essere stati così diversi dai nostri! Com'era crescere mentre scoprivi chi volevi diventare? Raccontaci dei tuoi amici, sogni e sfide durante l'adolescenza.

Stile da Teenager

I vestiti nel tuo armadio da adolescente raccontavano chi eri e chi volevi essere. Dai trend seguiti da tutti ai tuoi tocchi personali, come esprimevi te stessa?

1. Quali erano gli stili di abbigliamento più popolari quando eri adolescente?

2. Quale outfit dei tuoi anni da teenager ricordi più vividamente?

3. C'erano scelte di moda che i tuoi genitori disapprovavano o vietavano?

Cerchie di Amici

Quegli amici che conoscevano i tuoi segreti e condividevano le tue risate hanno lasciato impronte nel tuo cuore. Le persone che ti sono state accanto in quegli anni meravigliosi hanno contribuito a formare chi sei diventata.

1. Chi erano i tuoi amici più stretti durante l'adolescenza?

2. Quali attività o interessi ti univano ai tuoi amici?

3. Hai mantenuto alcune delle tue amicizie adolescenziali in età adulta?

Gli Anni del Liceo

Le aule e i corridoi del liceo risuonano di risate, chiacchiere e passi di chi stavamo diventando. Questi anni formativi ci modellano in modi che spesso riconosciamo solo decenni dopo. Com'era la vita scolastica ai tuoi tempi?

1. A quali attività extracurriculari o sport partecipavi?

2. La tua scuola aveva tradizioni o eventi speciali che tutti aspettavano con ansia?

3. Com'è stata la tua cerimonia di diploma?

Momenti Musicali

La colonna sonora della giovinezza diventa l'inno dei nostri ricordi. Quelle canzoni che ti facevano ballare, piangere o sognare in grande hanno ancora il potere di riportarti a chi eri.

1. Quali band o musicisti ascoltavi da adolescente?

2. Hai partecipato a concerti o eventi musicali memorabili?

3. C'era una canzone o un album che catturava perfettamente la tua esperienza da teenager?

Dolori della Crescita

Gli adolescenti navigano in un mondo fatto di tentativi ed errori, dove gli sbagli diventano trampolini verso la saggezza. Queste sfide, una volta superate, costruiscono la resilienza che ci accompagna per tutta la vita.

1. Qual è stato uno degli errori o giudizi sbagliati più grandi che hai fatto da adolescente?

2. Come affrontavi la pressione scolastica o le materie difficili?

3. A chi ti rivolgevo per consigli quando ti trovavi in situazioni difficili?

Insegnanti Speciali

Alcuni insegnanti fanno più che insegnare materie – ci insegnano la vita e ci aiutano a vedere possibilità in noi stesse che non avevamo immaginato. La loro influenza va ben oltre le mura della classe.

1. Quale insegnante ha avuto il maggiore impatto sui tuoi anni da adolescente?

2. Quale materia o abilità insegnava e cosa la rendeva speciale?

3. Qual è la cosa migliore che un insegnante ti abbia mai insegnato?

Ritrovi da Teenager

Ogni generazione rivendica i propri luoghi – quegli spazi speciali dove i giovani si incontrano per socializzare. Questi posti diventano lo sfondo di alcuni dei momenti più memorabili della vita.

1. Dove tu e i tuoi amici vi ritrovavate di solito dopo scuola o nei weekend?

2. C'era un ristorante, un centro commerciale o un posto ricreativo dove andavano tutti i teenager?

3. Cosa facevate di solito quando vi incontravate con gli amici?

Pagine di Diario

Se le pagine del tuo diario adolescenziale potessero parlare, che storie racconterebbero? Quei pensieri e osservazioni privati, scritti o custoditi nel cuore, catturavano il mondo visto con occhi più giovani.

1. Tenevi un diario o un quaderno durante l'adolescenza?

2. Quali argomenti o eventi avrebbero dominato le tue pagine?

3. Se potessi inviare un breve messaggio alla te stessa adolescente, quale consiglio le daresti?

I Sogni di Domani

Gli anni del liceo portano con sé i primi pensieri seri sull'adulto che potremmo diventare. Queste visioni iniziali – ambiziose, pratiche o incredibilmente impossibili – guidano i nostri primi passi verso il futuro.

1. Che carriera o percorso di vita immaginavi per te stessa da adolescente?

2. Quali passi hai fatto durante gli anni del liceo per raggiungere i tuoi obiettivi futuri?

3. I tuoi sogni di adolescente si sono avverati o la vita ti ha portata in direzioni diverse?

3

Trovare la tua strada

Prima di diventare nostra mamma, stavi cercando il tuo percorso nella vita. Quali erano le tue speranze e le tue avventure da giovane donna? Siamo curiosi di sapere della tua vita prima che arrivassimo noi.

Lasciare il nido

Quel momento in cui hai girato la chiave nella tua prima casa ha segnato una delle più grandi transizioni della vita. Stare in piedi da sola ha aperto un capitolo fatto di emozionante libertà e inaspettati colpi di realtà.

1. Quando e perché hai lasciato per la prima volta la casa dei tuoi genitori?

2. Cosa ti ha sorpreso di più nel vivere in modo indipendente per la prima volta?

3. Quali competenze hai dovuto imparare in fretta una volta da sola?

I primi veri lavori

Il percorso lavorativo raramente è lineare. Quei primi impieghi e quelle esperienze professionali – che siano stati trampolini o inciampi – formano non solo i nostri curriculum, ma anche il nostro carattere.

1. Qual è stato il tuo primo lavoro serio o ruolo professionale dopo la scuola?

2. Cosa ti ha sorpresa di più del mondo del lavoro?

3. Quali competenze preziose hai acquisito dalle tue prime esperienze lavorative?

Lezioni di denaro

L'indipendenza finanziaria è una delle sfide e delle ricompense più grandi dell'età adulta. Quelle prime esperienze con budget, bollette e conti bancari insegnano lezioni che nessuna scuola può offrire.

1. Come hai gestito il tuo primo budget indipendente?

2. Quali errori finanziari ti hanno insegnato lezioni importanti?

3. Come risparmiavi per acquisti o obiettivi importanti?

Shopping per te stessa

Raccontaci di quelle prime spese con i tuoi soldi guadagnati duramente. Ricordi l'emozione di fare le tue scelte senza chiedere il permesso?

1. Qual è stato il primo acquisto importante che hai fatto con i tuoi soldi?

2. C'è stato qualcosa per cui hai risparmiato a lungo? Ne è valsa la pena?

3. Qual è stata la cosa più significativa che hai mai comprato per te stessa?

Stile personale

Come esprimevi te stessa attraverso l'abbigliamento mentre diventavi adulta? Raccontaci l'evoluzione del tuo stile personale in quegli anni – dalle influenze della moda agli outfit che ti facevano sentire più te stessa.

1. Chi o cosa influenzava le tue scelte di moda crescendo?

2. C'era un outfit o un accessorio che ti faceva sentire particolarmente sicura di te?

3. Quale capo o accessorio hai conservato più a lungo e perché?

Nuovi orizzonti

Ripensa ai traslochi e ai viaggi che hanno ampliato il tuo mondo da giovane adulta. Che fosse dall'altra parte della città o oltre i confini, come hanno cambiato il tuo modo di vedere il mondo e il tuo posto in esso?

1. Qual è stato il trasloco o viaggio più significativo che hai fatto da giovane adulta?

2. Come hai deciso dove andare e come arrivarci?

3. Cosa hai imparato su te stessa attraverso i viaggi o i cambiamenti di luogo?

Imparare e crescere

La tua istruzione non si è fermata con il diploma – quali conoscenze hai perseguito mentre costruivi la tua vita adulta? Rifletti su come hai continuato ad arricchire la tua mente con studi formali o abilità autodidatte che hanno aperto nuove porte.

1. Quali studi o corsi hai seguito dopo il liceo?

2. Come hai scelto cosa studiare o imparare?

3. Quali competenze hai imparato da sola, al di fuori dell'istruzione formale?

Le persone scelte

Costruendo la nostra vita adulta, creiamo una famiglia scelta fatta di amici e mentori. Queste relazioni formano la rete di sicurezza che ci sostiene nelle cadute e ci celebra nei successi.

1. Chi erano le persone più importanti della tua vita nei primi anni da adulta?

2. Come mantenevi le vecchie amicizie mentre ne creavi di nuove?

3. Chi ti ha guidata quando stavi iniziando la tua vita da adulta?

Spazi di vita

Pensa a quel primo posto che era davvero tuo – forse piccolo o modesto, ma completamente tuo. Com'è stato creare il tuo primo spazio abitativo da adulta e scoprire le tue preferenze su come dovrebbe sentirsi una casa?

1. Com'era il tuo primo appartamento o casa?

2. Come hai arredato o decorato i tuoi primi spazi abitativi?

3. Chi erano i tuoi coinquilini o vicini, e che rapporti hai avuto con loro?

Trovare la tua forza

Ricorda quei momenti in cui ti sei sorpresa per la tua capacità e il tuo coraggio. Quali esperienze hanno costruito la tua fiducia come giovane donna che stava imparando a stare in piedi da sola?

1. Quale traguardo ti ha fatto capire di cosa sei capace?

2. Quale sfida ti sembrava impossibile finché non l'hai superata?

3. Come affrontavi critiche o ostacoli da giovane adulta?

Scelte coraggiose

La crescita avviene ai margini della nostra zona di comfort. Quei momenti in cui hai scelto un percorso incerto invece di uno sicuro spesso diventano i capitoli più memorabili della tua storia.

1. Qual è stata la decisione più audace o il rischio più grande che hai preso nei tuoi primi anni da adulta?

2. Come decidevi se prendere grandi rischi?

3. Quale opportunità inaspettata ha cambiato la direzione della tua vita?

4

Cuori Intrecciati

Ci siamo sempre chiesti come tu e papà vi siate incontrati. Come è iniziata la vostra storia d'amore? Raccontaci del vostro primo appuntamento e dei momenti che vi hanno portato a costruire la vostra vita insieme.

I Primi Incontri

Ripensa a quel momento in cui i tuoi occhi hanno incontrato per la prima volta quelli di papà – quel giorno qualunque che avrebbe cambiato tutto. Cosa stava succedendo nella tua vita quando le vostre strade si sono incrociate e quali dettagli ricordi del vederlo per la prima volta?

1. Dove e quando vi siete conosciuti tu e papà?

2. Cosa stava succedendo nella tua vita quando hai incontrato papà?

3. Qual è stata la tua prima impressione di papà?

Conoscerlo Meglio

Quei primi appuntamenti erano pieni di nervosismo ed emozione. Raccontaci di quei primi momenti insieme – le conversazioni e le piccole scoperte che ti hanno fatto desiderare di passare più tempo con questa persona speciale.

1. Qual è stato il tuo primo appuntamento ufficiale con papà?

2. Quali attività vi piaceva fare insieme quando avete iniziato a frequentarvi?

3. Cosa hai scoperto su papà durante i primi appuntamenti che ti ha sorpresa?

Rimanere in Contatto

Prima che gli smartphone rendessero tutti sempre reperibili, come facevate tu e papà a sentirvi tra un incontro e l'altro? Raccontaci dei modi speciali in cui vi comunicavate i vostri sentimenti sempre più profondi.

1. Come vi tenevate in contatto tra un appuntamento e l'altro o quando eravate lontani?

2. Papà ti scriveva mai biglietti o lettere? E tu li scrivevi a lui?

3. Qual è stato il regalo più memorabile che papà ti abbia fatto?

Superare le Tempeste

Ogni relazione affronta la sua dose di sfide. Quali ostacoli hai affrontato con papà e come il superare quelle difficoltà ha rafforzato le basi che stavate costruendo?

1. Quali ostacoli o sfide avete affrontato insieme?

2. Ci sono stati malintesi o disaccordi che hanno messo alla prova la vostra relazione?

3. La distanza, preoccupazioni familiari o altre circostanze vi hanno mai separati?

Diventare Seri

Ricordi quel momento in cui hai capito che non si trattava più di semplici appuntamenti? Raccontaci di quando ti sei resa conto che questa relazione stava diventando qualcosa di davvero speciale, che poteva durare per sempre.

1. Quando hai capito che questa relazione stava diventando seria?

2. Quanto tempo eravate insieme prima che entrambi capiste che era qualcosa di speciale?

3. Quali sono stati i momenti più importanti che hanno reso la vostra relazione più seria?

La Grande Domanda

Il momento della proposta occupa un posto speciale in ogni storia d'amore. Raccontaci di quando papà ti ha chiesto di sposarlo – dove eravate, come lo ha fatto e come ti sei sentita in quel momento.

1. Come e dove papà ti ha chiesto di sposarlo?

2. Quali dettagli ricordi più vividamente di quel momento?

3. Hai detto subito a qualcuno quello che era successo? Quali sono state le loro reazioni?

Il Giorno del Matrimonio

Il giorno del vostro matrimonio è stato pieno di dettagli, sia pianifi-cati che inaspettati. Quali momenti ti vengono in mente più chiara-mente quando ripensi al giorno in cui sei diventata moglie?

1. Qual è stato il momento più memorabile del giorno del tuo matri-monio?

2. Come hai scelto il tuo abito da sposa e com'era?

3. Quali tradizioni o tocchi personali avete incluso nella cerimonia?

Ricordi della Luna di Miele

La luna di miele è spesso la prima avventura che una coppia intraprende insieme dopo il «sì». È un momento di celebrazione, connessione e creazione di ricordi che durano per tutta la vita.

1. Dove siete andati in luna di miele e come avete scelto quella destinazione?

2. Quali sono stati alcuni dei momenti più memorabili della luna di miele?

3. Ci sono stati eventi inaspettati durante il viaggio? Come li avete affrontati?

Iniziare Insieme

I primi giorni di vita matrimoniale hanno una magia tutta loro. Com'era la vita quando avete appena iniziato a vivere insieme come marito e moglie, cercando di costruire la vostra nuova vita?

1. Dove vivevate quando vi siete sposati e come avete scelto quel posto?

2. Qual era la vostra situazione economica da novelli sposi?

3. Quali cose speciali avete iniziato a fare insieme come coppia sposata?

5

Diventare Mamma

Il giorno in cui sei diventata mamma ha cambiato tutto.
Com'è stato quando ci hai tenuti in braccio per la prima
volta? Raccontaci i tuoi pensieri e sentimenti mentre
entravi in questo nuovo ruolo.

Aspettando il Bambino

Quei mesi prima dell'arrivo di un bambino sono un mix di emozione e nervosismo. Ripensa a quel periodo speciale di attesa – come ti sei preparata per il bebè che avrebbe cambiato tutto?

1. Come hai preparato la casa per l'arrivo del tuo primo figlio?

2. Quali corsi o risorse hai usato per imparare sulla gravidanza e sulla maternità?

3. Quali cose hai cambiato nella tua vita per prepararti al bambino?

La Storia del Parto

Il giorno in cui hai visto il tuo bambino per la prima volta è stato pieno di momenti indimenticabili. Dalle prime contrazioni fino al tenerlo finalmente tra le braccia, le storie del parto restano impresse per sempre.

1. Chi era con te durante il travaglio e il parto?

2. Cosa ricordi più chiaramente del vedere tuo figlio per la prima volta?

3. Quali emozioni ti hanno travolta nei primi momenti in cui hai tenuto in braccio il tuo neonato?

I Primi Giorni

Quei primi giorni a casa con il tuo bambino sono stati un vortice di stanchezza e meraviglia mentre cercavi di capire chi fosse quella piccola persona. Ricordi quelle notti insonni e quei momenti pieni di stupore?

1. Com'è stata la tua prima notte a casa con il tuo primo bambino?

2. Quali difficoltà hai affrontato nei primi giorni di cura di un neonato?

3. Come hai imparato a prenderti cura del bambino?

Diventare Mamma

Essere madre non ha solo aggiunto un titolo alla tua vita – ti ha trasformata nel profondo. Come hai affrontato questo cambiamento d'identità mentre cercavi di mantenere anche parti di te stessa di prima?

1. Come sono cambiate le tue routine quotidiane dopo essere diventata mamma?

2. Quando hai iniziato a sentirti sicura nel tuo ruolo di madre?

3. Quali attività o abitudini ti hanno aiutata ad abituarti a essere una mamma?

Sorprese Inaspettate

*Nessun libro sulla maternità o consiglio poteva prepararti complet-
amente alla realtà. Cosa ti ha sorpresa di più nell'avere un bambino
rispetto a ciò che immaginavi?*

1. Cosa ti ha sorpresa di più della realtà di avere un bambino?

2. Quale aspetto della maternità è stato più facile di quanto ti aspettas-
si?

3. Cosa nessuno ti ha detto sull'essere madre che avresti voluto sapere?

Una Famiglia che Cresce

Ogni famiglia trova la sua dimensione ideale attraverso pianificazione e circostanze. Raccontaci i tuoi pensieri sulla costruzione della nostra famiglia – come hai deciso i tempi, gli spazi e come hai preparato i fratelli.

1. Come hai deciso se avere altri figli dopo il primo?

2. Come hai preparato il tuo bambino (o i tuoi bambini) per un nuovo membro della famiglia?

3. Quali differenze hai notato tra la tua prima gravidanza/parto e le successive?

Relazioni che Cambiano

L'arrivo di un bambino rimescola ogni relazione nella famiglia. Come ha cambiato le cose diventare genitori, tra te e papà, con i nonni e con il tuo gruppo di amici?

1. Come è cambiata la tua relazione con papà dopo essere diventati genitori?

2. Come tu e papà siete rimasti vicini dopo l'arrivo dei figli?

3. Hai partecipato a gruppi di mamme o fatto nuove amicizie da mamma?

6

Il Ritmo della Vita Familiare

La nostra vita familiare ha sempre avuto le sue routine e i suoi momenti speciali. Come hai creato il nostro mondo quotidiano? Raccontaci delle piccole ma significative parti dell'educarci che hanno reso la nostra casa speciale.

Routine del Mattino

Le tue mattine da mamma spesso iniziavano prima che tutti gli altri si svegliassero. Come apparivano quelle prime ore mentre lanciavi la nostra famiglia in un nuovo giorno?

1. A che ora ti svegliavi di solito come mamma?

2. Qual era la tua sequenza mattutina – quali compiti facevi per primi, secondi, terzi?

3. Come riuscivi a preparare tutti e farci uscire di casa ogni mattina?

Amore in Cucina

I pasti che preparavi non riempivano solo i nostri stomaci – creavano ricordi e tradizioni. Come affrontavi la sfida quotidiana di nutrire la famiglia, dalla pianificazione alla preparazione?

1. Come pianificavi i pasti per la nostra famiglia?

2. Quali erano le tue ricette preferite o i piatti che preparavi regolarmente?

3. Come gestivi la spesa alimentare?

Questioni di Soldi

Crescere una famiglia significa prendere mille decisioni finanziarie. Ripensa a come stabilivi le priorità e facevi scelte difficili su ciò di cui la famiglia aveva realmente bisogno rispetto a ciò che poteva aspettare.

1. Come gestivate tu e papà le decisioni finanziarie e la pianificazione del budget?

2. Come insegnavi ai ragazzi il valore dei soldi e come gestirli?

3. Ci sono state cose che hai rinunciato o sacrificato per sostenere le finanze della famiglia?

Ricaricare le Energie

La maternità richiede un infinito dare, ma tutti hanno bisogno di ricaricarsi. Come trovavi momenti per ricaricare le batterie quando sembrava che tutti avessero bisogno di qualcosa da te?

1. Quali attività o pratiche ti aiutavano a ricaricarti negli anni intensi della maternità?

2. Come trovavi tempo per te stessa pur gestendo le responsabilità familiari?

3. Cosa facevi quando sentivi di essere completamente esausta?

Lavoro di Squadra in Casa

Ogni famiglia sviluppa il proprio ritmo su chi gestisce quali re-sponsabilità. Raccontaci come venivano divisi i compiti nella nostra casa – tra genitori, con i figli, e come questi schemi si sono evoluti con il crescere della famiglia.

1. Come erano divise le responsabilità domestiche tra te e papà?

2. Quali faccende o compiti venivano assegnati ai bambini a diverse età?

3. Quali responsabilità domestiche trovavi più difficili da gestire?

Gioie Quotidiane

Tra i programmi frenetici e le responsabilità di routine, trovavi modi per rendere speciali i momenti ordinari. Quali piccole tradizioni o semplici piaceri hai intrecciato nella nostra vita di famiglia?

1. Quali rituali semplici o piccole tradizioni rendevano più luminose le giornate ordinarie?

2. Come creavi momenti di gioia senza grandi spese?

3. Quali oggetti o esperienze quotidiane hanno assunto un significato speciale nella nostra famiglia?

Rituali della Sera

Col calare del sole, guidavi la famiglia dalle attività al riposo con rituali serali. Come apparivano quelle preziose ore serali nella nostra casa mentre tutti si preparavano per andare a dormire?

1. Qual era la tipica sequenza della tua routine serale con la famiglia?

2. Come gestivi l'ora di andare a letto per bambini di diverse età?

3. Quali attività o routine serali aiutavano la famiglia a rilassarsi la sera?

Rendere le Feste Nostre

Le festività hanno le loro celebrazioni tradizionali, ma tu creavi tocchi speciali che le rendevano uniche per noi. Quali tradizioni personali hai stabilito che hanno dato alle nostre feste un sapore speciale?

1. Quali tradizioni festive hai creato che erano uniche per la nostra famiglia?

2. Come si sono evolute o cambiate certe tradizioni festive nel corso degli anni?

3. Per quale festa ti impegnavi di più per renderla speciale e perché?

Festeggiare i Compleanni

I compleanni non erano mai un giorno qualunque nella nostra famiglia – erano feste personali in cui facevi sentire speciale il festeggiato. Raccontaci come creavi magia intorno a queste celebrazioni.

1. Quali tradizioni di compleanno hai stabilito per far sentire speciale ogni bambino?

2. Hai mai avuto disastri di compleanno che sono diventati divertenti storie di famiglia?

3. Come erano le celebrazioni dei compleanni nella nostra famiglia rispetto a come li festeggiavi da bambina?

Radici Familiari

La nostra storia familiare non è iniziata con noi — si estende attraverso generazioni che hanno plasmato chi siamo oggi. Come ci hai aiutato a connetterci con le nostre radici e a capire su quali spalle stiamo in piedi?

1. Quali aspetti della nostra cultura o delle nostre radici familiari volevi preservare di più?

2. Come ci hai introdotto ai luoghi, ai cibi o alle lingue delle nostre origini?

3. Quali oggetti o cimeli servivano come legami tangibili alla storia della nostra famiglia?

Momenti Sacri

Oltre alle routine frenetiche della vita quotidiana, hai creato spazi per connessioni più profonde e riflessioni. Quali rituali o pratiche speciali hai stabilito per aiutare la nostra famiglia a toccare qualcosa di più grande di noi stessi?

1. Come celebravi i momenti significativi o le tappe della vita in modo significativo?

2. Quali pratiche aiutavano la nostra famiglia a riflettere su valori che andavano oltre il materiale o l'ordinario?

3. Quando e come creavi spazi per gratitudine, riflessione o connessione spirituale?

7

Passioni Personali

Per noi sei sempre stata molto più che «Mamma». Quali attività e interessi ti hanno aiutata a sentirti te stessa? Ci piacerebbe scoprire le passioni che ti rendono unica.

Progetti del Cuore

Tutti hanno bisogno di qualcosa che sia solo loro – un interesse che li accenda dall'interno. Quali hobby o passioni ti hanno conquistata più profondamente nel corso della tua vita?

1. Quale hobby o interesse ti ha catturata più intensamente?

2. Quali abilità hai sviluppato coltivando questo interesse?

3. Come ha reagito la tua famiglia o come si è coinvolta nei tuoi progetti o hobby?

Solo per Te

Nel mezzo di prenderti cura di tutti gli altri, trovare momenti che fossero solo tuoi era essenziale. Quali piccoli piaceri o attività personali ti hanno aiutata a mantenere il tuo senso di identità tra le responsabilità familiari?

1. Quali attività solitarie sceglievi per il tuo piacere personale?

2. Come proteggevi il tuo tempo personale tra le richieste della famiglia?

3. Dove, in casa, hai creato un rifugio o uno spazio tutto tuo?

Corpo e Movimento

Rimanere attivi ci connette al nostro corpo in modi essenziali per il benessere. Quali attività fisiche ti hanno portato gioia, sfida o relax nei vari momenti della tua vita?

1. Quali attività fisiche o sport ti sono piaciuti nel corso della tua vita?

2. Come sono cambiate le tue attività dopo essere diventata mamma?

3. Cosa ti motivava a mantenere le attività fisiche nonostante gli impegni?

La Musica nella Tua Vita

*Alcune canzoni si intrecciano nei nostri ricordi. Quale musica ha ac-
compagnato la tua vita, diventando lo sfondo dei capitoli più importanti?*

1. Quale canzone ti fa sentire meglio, indipendentemente da tutto?

2. Suonavi uno strumento o cantavi da giovane?

3. C'è stato un concerto o un evento musicale che ti ha lasciato
un'impressione duratura?

Ballo nella Vita

La danza accende qualcosa di speciale nell'anima – che siano passi formali o giri di danza in cucina con i bambini. Quando la musica attraversava il tuo corpo, quali momenti di pura gioia ti regalava?

1. Quale tipo di danza ti ha dato più gioia?

2. Hai mai preso lezioni di danza, e quale impatto hanno avuto su di te?

3. Hai mai ballato davanti a un pubblico? Come è stata quell'esperienza?

Magia del Cinema

I film ci trasportano in altri mondi e, a volte, ci aiutano a vedere il nostro in modo diverso. Quali storie sul grande schermo hanno catturato la tua immaginazione o offerto una perfetta via di fuga dalla quotidianità?

1. Qual è il tuo film preferito di sempre e perché?

2. Quali generi di film ti sono piaciuti di più?

3. C'è stato un personaggio cinematografico con cui ti sei identificata o che hai ammirato?

Tra le Pagine

I libri creano mondi privati in cui puoi viaggiare ovunque restando perfettamente immobile. Quali storie ti hanno tenuta sveglia fino a tardi e quali personaggi sono diventati vecchi amici per te?

1. Quale libro ha avuto l'impatto più profondo sulla tua vita e perché?

2. Avevi un libro preferito da bambina che hai conservato fino ad oggi?

3. Hai mai fatto parte di un club del libro o condiviso esperienze di lettura con amici?

Tempo con gli Amici

Oltre ai legami familiari, ci sono le persone che scegli di portare nella tua vita. Raccontaci di quelle amicizie speciali che ti hanno offerto risate, supporto e uno spazio dove essere semplicemente te stessa.

1. Qual è stata la tua amicizia più duratura e cosa l'ha mantenuta viva?

2. Quali qualità apprezzi di più nelle tue amicizie?

3. Qual è stata l'avventura o esperienza più memorabile che hai condiviso con gli amici?

Collezioni Preziose

Le cose che raccogliamo spesso raccontano storie su ciò che conta per noi. Hai mai collezionato qualcosa di speciale nel corso degli anni – che fosse esposto con orgoglio o custodito in una scatola speciale?

1. Quali oggetti hai collezionato o raccolto?

2. Come è iniziata questa collezione e come si è evoluta?

3. Qual è stata l'aggiunta più inaspettata alla tua collezione?

Avventure di Viaggio

Viaggiare oltre i luoghi familiari risveglia qualcosa di speciale in noi. Quali viaggi – grandi o piccoli – ti hanno aperto gli occhi su nuove possibilità o creato ricordi duraturi?

1. Qual è stata la tua esperienza di viaggio più memorabile e perché?

2. C'è un luogo che hai visitato che ti è sembrato subito casa?

3. C'è una destinazione che hai sempre sognato di visitare ma non hai ancora raggiunto?

Coltivare la Vita

C'è qualcosa di terapeutico nell'affondare le mani nella terra e guardare crescere qualcosa. Fare giardinaggio o prendersi cura delle piante è stato per te una fonte di gioia?

1. Quali tipi di giardinaggio o cura delle piante ti sono piaciuti?

2. Quale progetto o successo in giardino ti ha dato particolare soddisfazione?

3. Hai una pianta o un fiore preferito che ha un significato speciale per te?

Oltre Casa

Far parte di qualcosa di più grande di noi stessi ci connette alla comunità in modi significativi. Quali gruppi, cause o legami di quartiere hanno arricchito la tua vita?

1. Quali gruppi comunitari, organizzazioni o cause sono stati importanti nella tua vita?

2. Quale tradizione o evento comunitario apprezzi di più?

3. Cosa hai imparato lavorando con persone diverse in contesti comunitari?

Abilità Inaspettate

Tutti abbiamo abilità che potrebbero sorprendere chi conosce solo un lato di noi. Quali talenti o competenze hai sviluppato che potrebbero non essere evidenti a chi ti conosce?

1. Ti sei mai sorpresa a padroneggiare qualcosa che pensavi fosse troppo difficile?

2. Quale talento o abilità hai ereditato dai tuoi genitori?

3. C'è un talento che hai scoperto più avanti nella vita che ti ha portato gioia?

8

Lezioni di Vita e d'Amore

Ci hai insegnato così tanto con le tue parole e le tue azioni. Quali lezioni di vita vuoi che ricordiamo di più? Condividi la saggezza del tuo cuore che speri porteremo con noi.

Lezioni più Difficili

I momenti più difficili spesso portano la saggezza più grande. Ripensando alle sfide che hai affrontato, quali esperienze difficili ti hanno insegnato lezioni che non avresti potuto imparare in altro modo?

1. Quale esperienza ti ha insegnato la lezione più difficile ma preziosa della tua vita?

2. Come hai trovato la forza nei momenti più impegnativi?

3. Come hai deciso quando continuare a superare una sfida e quando cambiare strada?

Da Cuore a Cuore

Alcune parole sono troppo importanti per rimanere non dette – la saggezza che vuoi più di tutto che i tuoi figli portino con sé. Se potessi assicurarci di ricordare solo alcune verità essenziali sulla vita e sull'amore, cosa vorresti che sapessimo?

1. Quale lezione di vita vorresti che ricordassimo più di ogni altra?

2. Quali sogni hai per noi che non hai mai espresso?

3. Quale consiglio essenziale daresti per trovare una felicità autentica?

La Saggezza delle Relazioni

Le relazioni sono il cuore di una vita significativa, ma creare legami profondi è sia un'arte che una scienza. Cosa hai imparato sul costruire e mantenere i legami che contano di più?

1. Quale relazione nella tua vita ti ha insegnato di più su te stessa?

2. Come hai trovato un equilibrio tra il dare agli altri e il prenderti cura di te stessa?

3. Quali errori nelle relazioni ti hanno insegnato lezioni che non dimenticherai mai?

Benedizioni Inaspettate

La vita raramente segue i nostri piani, e alcuni dei suoi doni migliori arrivano attraverso deviazioni impreviste. Quali sorprese ti hanno portato in posti meravigliosi che non avresti mai immaginato?

1. Quale svolta inaspettata nel tuo percorso di vita ti ha portato qualcosa di meraviglioso?

2. Come hai imparato ad abbracciare l'incertezza invece di temerla?

3. C'è stata un'opportunità inaspettata che hai quasi perso ma che hai deciso di cogliere?

La Tua Stella Polare

Sotto i cambiamenti delle mode e delle circostanze ci sono i valori fondamentali che hanno guidato le tue scelte. Quali principi ti hanno fatto da bussola nei vari capitoli e sfide della vita?

1. Quali valori fondamentali ti hanno guidata nel corso della tua vita?

2. Quale valore hai ereditato dai tuoi genitori e hai scelto di trasmettere a noi?

3. Quale valore credi sia più necessario per una vita significativa?

Errori che Insegnano

I nostri errori, per quanto a volte dolorosi, diventano spesso i nostri insegnanti più efficaci. Quali passi falsi hanno aiutato a plasmare la tua comprensione o a riorientare il tuo percorso in modi significativi?

1. Quale errore ha portato alla tua crescita personale più importante?

2. Quale errore vorresti poter tornare indietro a correggere?

3. Come ti sei rialzata dopo un grande ostacolo o fallimento?

Scelte Coraggiose

*Alcuni momenti ci chiedono di scegliere tra comfort e crescita, si-
curezza e possibilità. Quando hai scelto il percorso che richiedeva più
coraggio e come quella scelta ha influenzato ciò che è seguito?*

1. Qual è stata la decisione più audace che tu abbia mai preso e cosa ti
ha convinta a prenderla?

2. Come hai trovato il coraggio di fronte a un bivio difficile?

3. Come hai deciso se restare al sicuro o rischiare tutto?

Sogni per il Futuro

Anche se non possiamo vedere oltre il nostro orizzonte, i nostri sogni si estendono alle generazioni future. Quali speranze nutri per il futuro della nostra famiglia e per il mondo in cui vivranno i nostri figli e nipoti?

1. Quale sogno irrealizzato vorresti vedere realizzato dalle generazioni future?

2. Come immagini che la nostra famiglia si evolverà nei prossimi decenni?

3. Quale consiglio pratico daresti ai membri più giovani della famiglia per prepararsi al loro futuro?

Altre storie da raccogliere

Ogni genitore e ogni nonno custodisce un tesoro di ricordi che aspettano solo di essere condivisi. I nostri libri ricordo, splendidamente realizzati, aiutano a catturare queste preziose storie prima che il tempo le porti via.

La nostra serie di storie di famiglia

| La storia di papà | La storia di mamma | La storia di nonno | La storia di nonna |

Disponibile su:

• Amazon

• Principali librerie online

Regala un dono che diventa più prezioso con il tempo – perché ogni storia di famiglia merita di essere raccontata, condivisa e custodita.

www.ingramcontent.com/pod-product-compliance
Lightning Source LLC
Chambersburg PA
CBHW051327120626
46547CB00015B/2431